365 Tage & Erfolg

Michael H. Weise

arsEdition

365 Tage & Erfolg

arsEdition

Für Barbara, Margret und Manfred
Danke an alle, die mir Aufgaben und Chancen im Leben gegeben, mich unterstützt und an mich geglaubt haben.

Texte und Zitatauswahl: Michael H. Weise
Redaktion: Silke Kords, arsEdition
Titelfoto: Eyewire/gettyimages
Fotografien: Paul Mayall
Grafische Gestaltung: Eva Schindler, Ebersberg
ISBN 3-7607-2056-0 Printed by Tien Wah Press

www.arsedition.de

Es macht Spaß, erfolgreich zu sein!

Michael H. Weise
Im November 2002

In dieser Reihe sind bereits erschienen:

365 Tage & Gedanken
ISBN 3-7607-1798-5

365 Tage & Glücksmomente
ISBN 3-7607-1833-7

365 Tage & Liebesbotschaften
ISBN 3-7607-1860-4

365 Tage Freundschaft
ISBN 3-7607-1929-5

365 Tage & Gelassenheit
ISBN 3-7607-1983-X

365 Tage & Heiterkeit
ISBN 3-7607-2055-2

Ich kann,
weil ich will,
was ich muss.
Immanuel Kant

Wir werden nichts gewinnen,

wenn wir andere verachten.

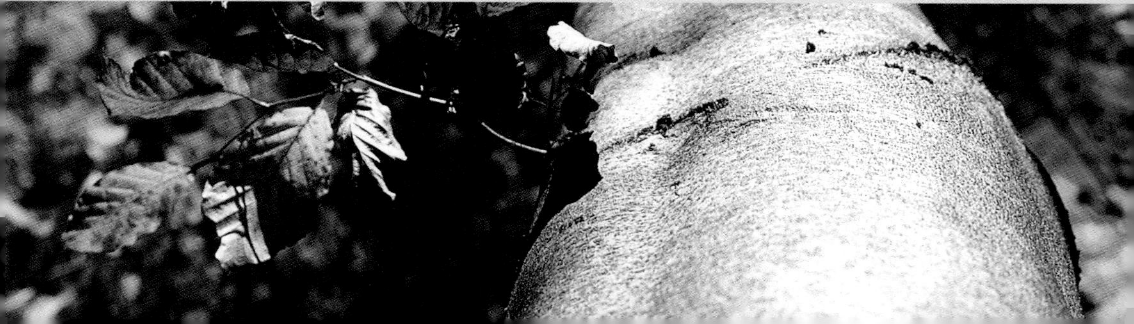

Ein Tag, an dem man

einen festen Entschluss fasst,

ist ein Glückstag.

Auf unsere Gedanken sollten wir achten,
sie sind die Anfänge unserer Taten.

Bleib
zuversichtlich!

Mit dem Erfolg ist es wie mit dem Alphabet:

Es beginnt mit A wie Anfang

und endet mit Z wie Ziel.

Wir können nicht immer alles wissen.
Wichtiger ist es, einen zu kennen,
ders weiß.

Erfolgreiche Menschen haben auch eine große Verantwortung, behutsam mit der Welt und den Menschen umzugehen.

Wer erfolgreich sein will, gibt immer
ein wenig mehr als sein Mögliches!

Mit
Begeisterung
in den
Tag

Mehr Lob und weniger Kritik

führt meistens zu mehr Leistung.

Mit Sanftmut
kommt man oft auch zum Ziel.

RF 98
RF 5
RF-11
RF 818
Das Team weiß immer mehr
als der Einzelne.

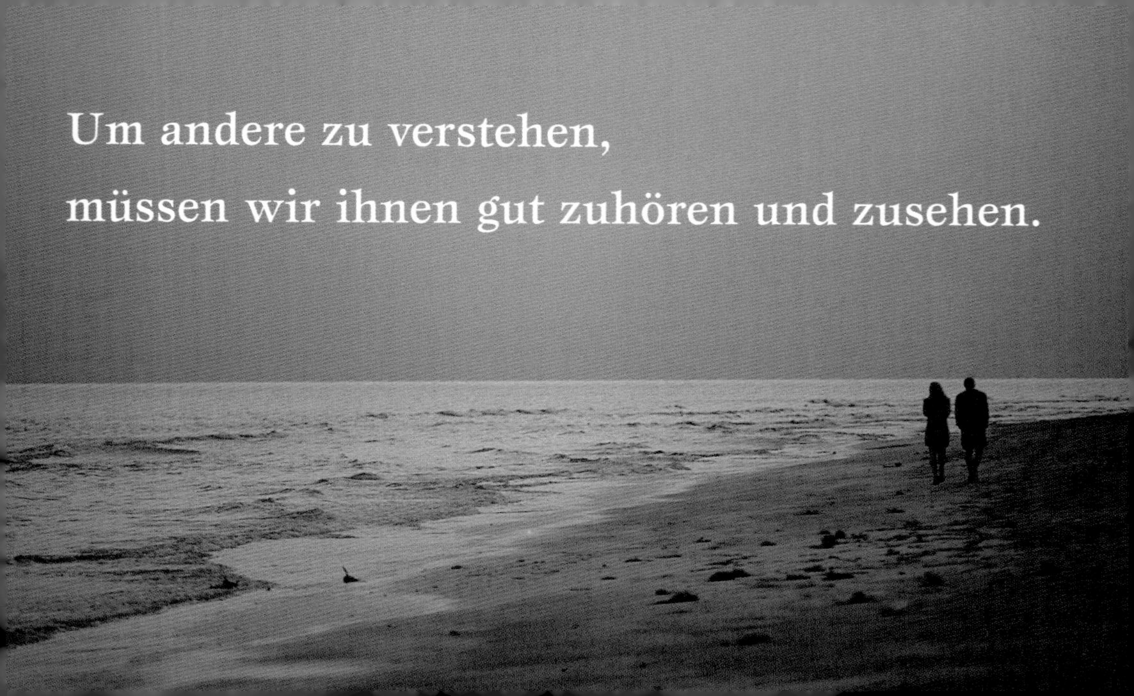
Um andere zu verstehen,
müssen wir ihnen gut zuhören und zusehen.

Menschen machen Geschichte –
und nicht umgekehrt.

Harry S. Truman

**Wo die Sonne am stärksten scheint,
fallen auch die stärksten Schatten.**

Ohne Misserfolge sind keine Erfolge,
ohne Fehler keine Leistungen möglich.

Glücklich sein
im Leben
heißt
genießen
können.

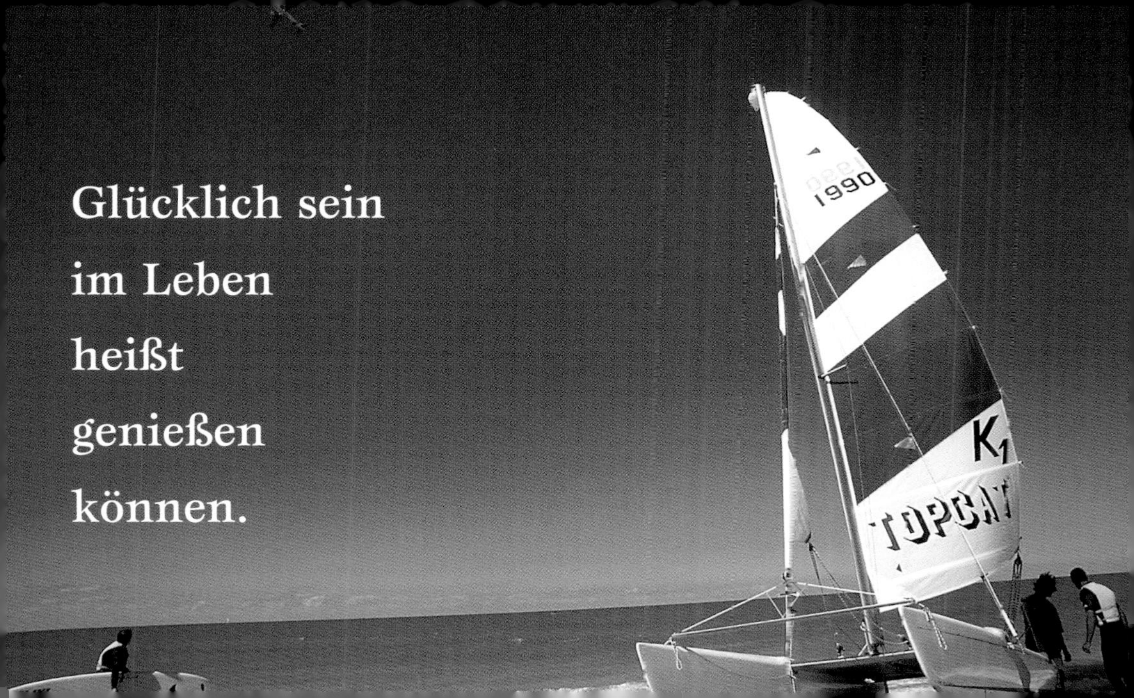

Im Schlafen und Träumen

liegt eine enorme Quelle für Kreativität.

»Das geht nicht ...«
gibt es
bei mir nicht!

Rücksicht gegenüber unseren Mitmenschen zeigt, dass wir sie achten und respektieren.

Alles, was du bist, alles, was du willst, alles, was du sollst, geht von dir selbst aus.

Johann Heinrich Pestalozzi

Die Welt ist so gut oder so schlecht,
wie wir sie sehen.

Es ist notwendig, ständig die wichtigen von den weniger wichtigen Aufgaben zu trennen.

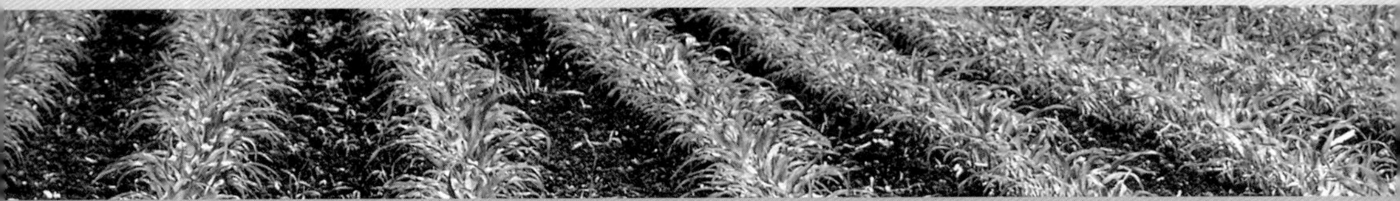

Es gibt eine Zeit, etwas aufzubauen,
eine Zeit, Dinge zu bewahren,

und eine Zeit,
Aufgebautes wieder niederzureißen.

Träumen
können

Häufiges Streiten führt zu
großem Energieverlust,
dagegen bringt der Austausch
von verschiedenen Meinungen
oft neue ungeahnte Kräfte.

Richtige Vorbereitung

hat schon viele ans Ziel gebracht.

Manchmal werde ich
von Selbstzweifeln geplagt,
das ist völlig normal.
Vielleicht würde ich mich
sonst gar nicht mehr
selbst hinterfragen.

Es ist ein gutes Gefühl,
wenn einem nichts
Leid zu tun braucht.

Manche Entscheidungen

brauchen mehr Zeit als andere.

VICTORIA UNIVERSITY
HOTEL
Arbeite für deine Zukunft,
denn du wirst in ihr leben.

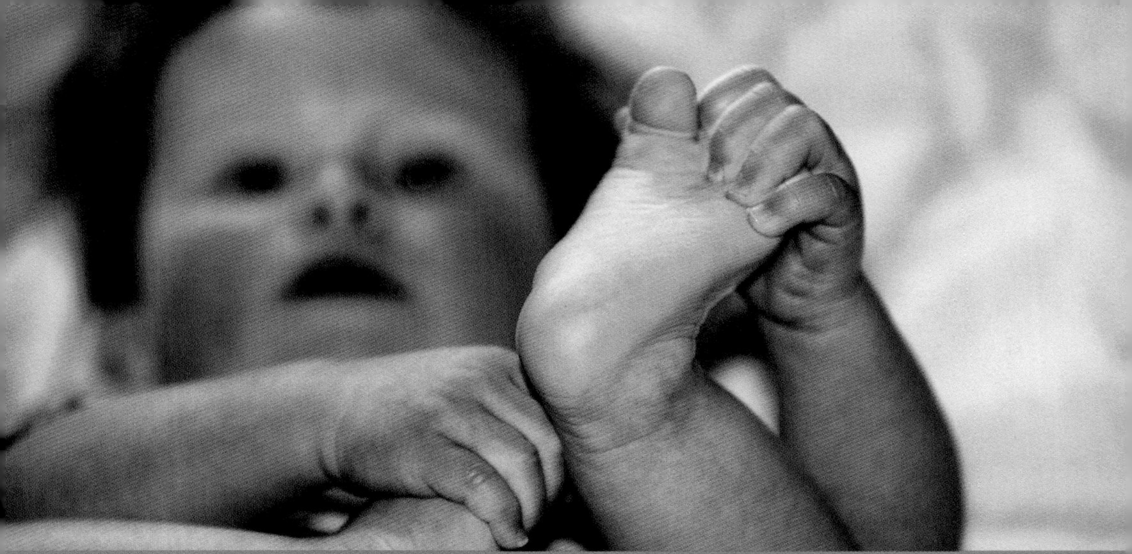

Lesen und Lernen
hat schon manch einen zum Ziel gebracht.

Erfolg macht *glücklich!*

Bevor ich die Verantwortung
für andere übernehmen kann,
muss ich sie für
mich selbst übernehmen.

Persönlichkeiten, nicht Prinzipien
bringen die Zeit in Bewegung.

Oscar Wilde

In schweren Zeiten zeigt sich erst,

welche Kräfte ins uns stecken.

Einige Ziele erreichen wir durch Stärke
und Kraftanstrengung, andere durch Geduld
und Beharrlichkeit, manche gar nicht.

Verständnis für andere beginnt mit dem Kennenlernen und Verstehen-wollen.

Spontaneität will manchmal

wohl überlegt sein.

Ergreife
deine
Chance

Wenn es einen Weg gibt,
etwas besser zu machen, finde ihn.
Thomas Alva Edison

Ein guter Zuhörer
erfährt eine Menge über die Welt,
ohne alle Erfahrungen
selbst machen zu müssen.

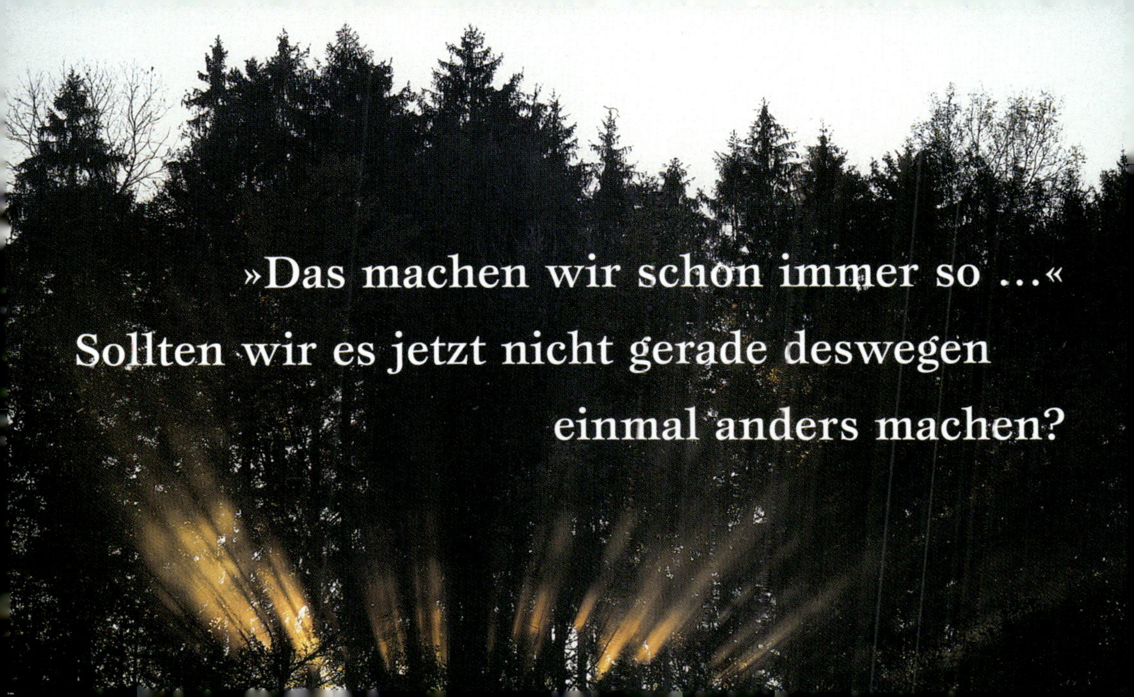
»Das machen wir schon immer so ...«
Sollten wir es jetzt nicht gerade deswegen
einmal anders machen?

Gesunder Egoismus kann uns weiterbringen,
Egozentrik schadet nur.

In einigen Fällen ist es gut,
ein paar kleine Schritte zurück zu gehen,
um dann einen großen nach vorn zu tun.

Hinzufallen ist keine Schande –
liegen zu bleiben dagegen eher.

Nichts ist überzeugender als Erfolg.

Leopold von Ranke

Erfolg braucht auch Augenblicke der Stille!

Steter Tropfen höhlt den Stein:
Mit Beharrlichkeit kommen wir
am besten weiter.

Wer lächelt und Freundlichkeit verschenkt, bekommt auch Positives zurück.

Der Ernst des Lebens
ist nur ein Wort,
vielmehr ist das
ganze Leben
ein großes Spiel.

Erfolg
macht
attraktiv!

Vertraue auf deine Stärken!

Es ist anregend, auf seinem Weg
immer wieder verschiedene
interessante Menschen zu treffen.

Nimm dich an
als der Mensch, der du bist.

Unsere Sehnsüchte
sind unsere Möglichkeiten.
Robert B. Browning

Am Fuße des Berges
sieht jeder Aufstieg
gigantisch aus, aber
mit jedem Schritt
wird er geringer.

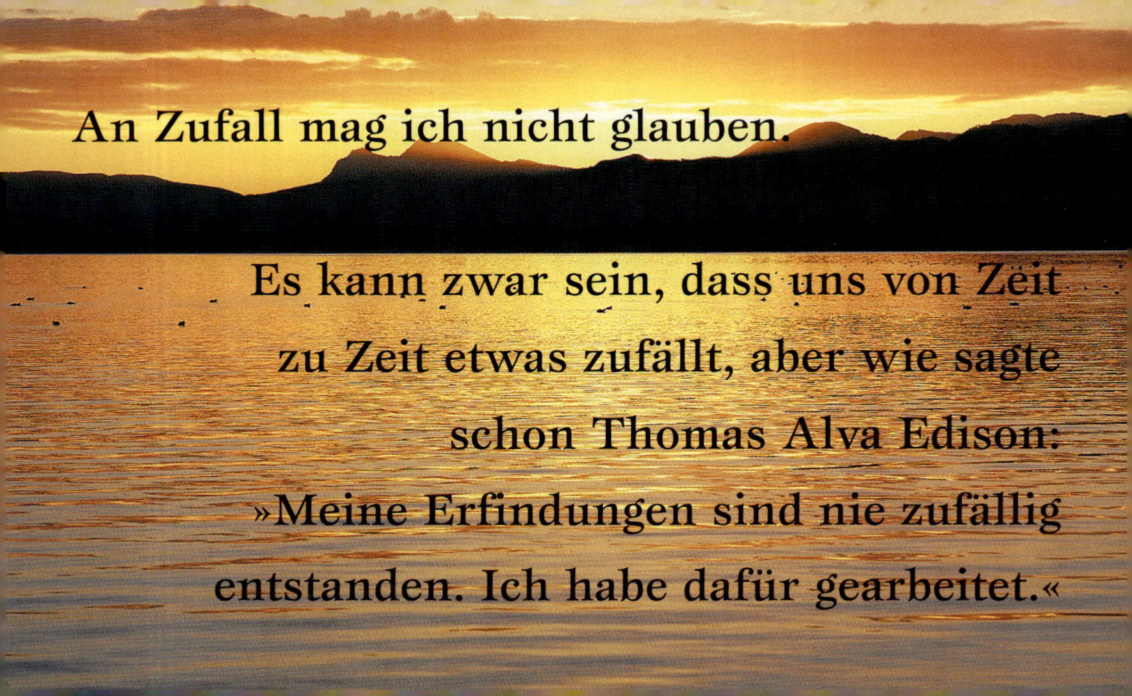

An Zufall mag ich nicht glauben.

Es kann zwar sein, dass uns von Zeit zu Zeit etwas zufällt, aber wie sagte schon Thomas Alva Edison: »Meine Erfindungen sind nie zufällig entstanden. Ich habe dafür gearbeitet.«

Sei
du
selbst

Nur wer bereit ist, ein Stück Sicherheit
für ein Wagnis einzutauschen,
kann etwas erreichen.

Erfolgreich sein zu wollen und Leistungen zu erbringen gehört zur Bestimmung eines jeden Menschen und ist ganz natürlich.

Wir können jeden Tag selbst gestalten.

Begeisterung
verleiht
den Menschen
eine positive
Ausstrahlung.

Die richtige Motivation
ist die halbe Miete.

Warum machen wir uns unser Leben
oft selbst so schwer, indem wir alle paar
Meter ein künstliches Hindernis aufstellen?

Das Leben
lieben!

Manche Problemlösung
ergibt sich ganz von selbst.

Wer nicht kann,
was er will,

muss wollen,
was er kann.

Leonardo da Vinci

Nicht der Beginn wird belohnt,
sondern einzig und allein das Durchhalten.
Katharina von Siena

Hoffnung ist eine Art von Glück;
vielleicht das größte Glück,
das diese Welt bereithält.

Samuel Johnson

Erfolg
macht auch
einsam.

Nach seinen eigenen Vorstellungen
zu handeln, ist der sicherste Weg zum Ziel.

Alles zu
seiner Zeit!

Ruhe *bewahren*

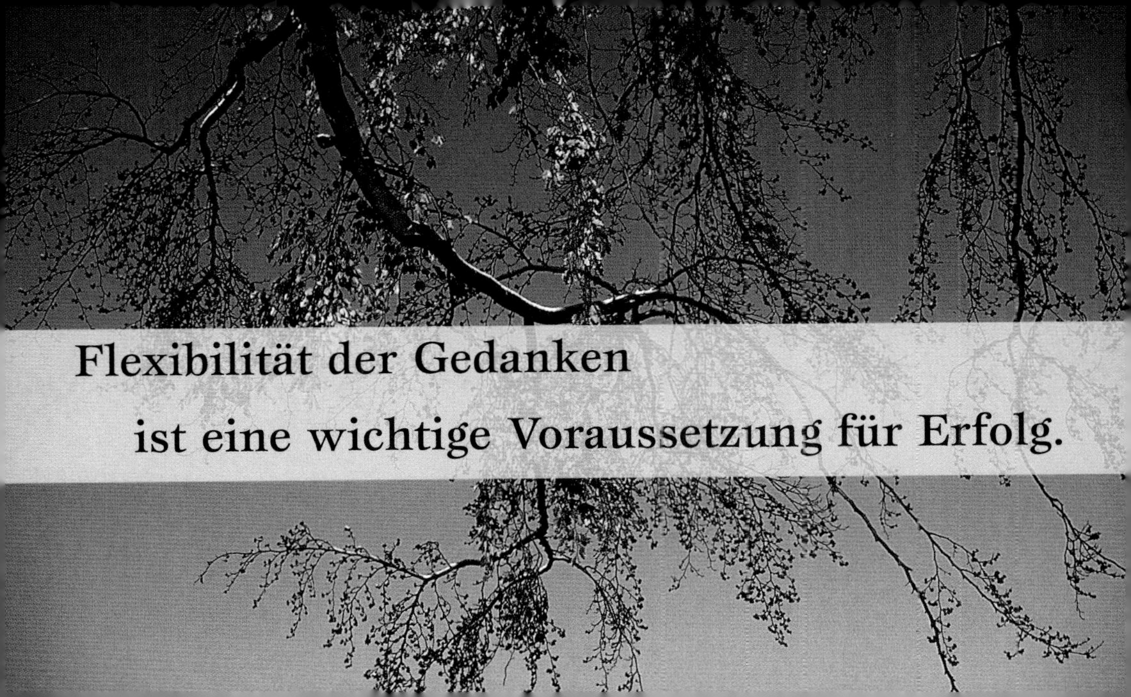

Flexibilität der Gedanken
ist eine wichtige Voraussetzung für Erfolg.

Erfolg hat oft mehrere Väter.

Einige Dinge im Leben kann man
nicht erreichen, sie passieren einfach –
oder eben auch nicht.

Nicht alle können zu Großem geboren sein,
aber wer bestimmt,
was groß und was klein ist? Wir selbst!

Gerade die Mußestunden haben einen großen Anteil an unserem Erfolg.

Hindernisse überwinden
ist der Vollgenuss des Daseins.
Arthur Schopenhauer

Jede Minute, die ich mich ärgere, verstreicht eine kostbare Minute meines Lebens sinnlos.

Die Natur lehrt uns Größe,

aber auch Demut.

Sich selbst
vertrauen

Unsere Arbeit sollte uns Freude machen.

Sei stolz auf dich,
wenn du etwas erreicht hast.

Finde
deinen Weg

Unsere größte
Schwäche
liegt im
Aufgeben.
Thomas Alva Edison

Erfolg
ist
immer
die
Folge
von
etwas.

Manchmal ist es wichtiger,
die Achtung von Menschen zu besitzen,
als von ihnen bewundert zu werden.

Probieren geht über Studieren.

Von Zeit zu Zeit braucht jeder
auch einmal eine Portion Eigenlob.

Unsere Angst zu überwinden
ist eine der größten Herausforderungen.

Aufmerksam sein

Es ist wichtiger, mir selbst zu zeigen,
was ich kann als den anderen.

Spaß an der Arbeit
bedeutet auch
mehr Spaß am Leben.

Wir Menschen allein haben die Kraft,

bewusst zu denken.

Es ist manchmal sehr nützlich, einen
zweiten Plan in der Schublade zu haben.

Miteinander
reden

Nicht der Beginn wird belohnt,
sondern einzig und allein das Durchhalten.

Katharina von Siena

Lob ist Treibstoff für die Seele.

Unsere Gefühle zu beherrschen ist ein sehr langwieriger Prozess, aber wir können

damit beginnen, unsere Einstellung gegenüber gewissen Dingen zu ändern.

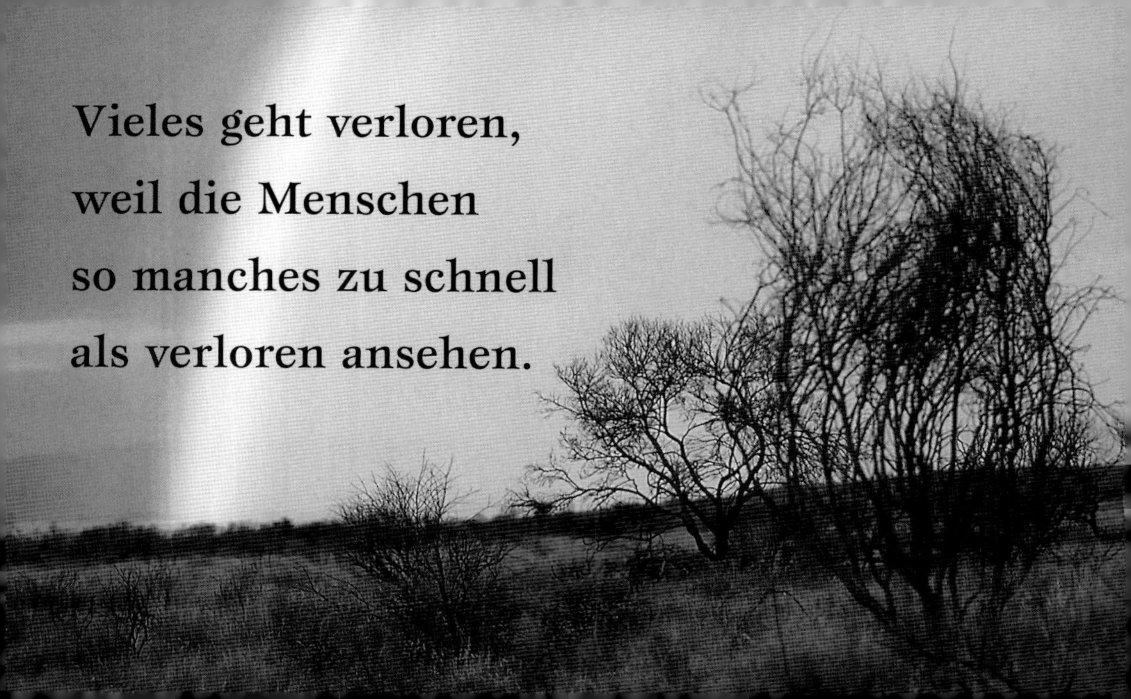
Vieles geht verloren,
weil die Menschen
so manches zu schnell
als verloren ansehen.

Sich
stark
fühlen

Wer auf das
Schlimmste
gefasst ist,
stellt oft fest,
dass es gar nicht
so schlimm ist.

Ein Blick zu
den Kindern
zeigt uns,
dass viele Dinge
im Spiel ganz
leicht gehen.

Es ist ein
schönes Gefühl,
eine Aufgabe,
ob groß oder klein,
gemeistert
zu haben.

Wer weiß, wohin er geht,

findet immer seinen Weg.

Mach anderen Mut,
das tut dir selber gut!

Begeisterung
steckt an.
2578

Den *Überblick* behalten

Die Erfüllung liegt im Prozess des Schaffens.

Im Laufe des Lebens begegnen
einem auch immer Menschen,
die einen enttäuschen können.

Auf dem Weg
zum Erfolg
macht man
auch immer
Fehler.

Echte Leidenschaft
brennt 24 Stunden am Tag.

Langfristige
Erfolge
sind wichtiger
als kurzfristige.

Ideale sind wie Sterne:
Man kann sie nicht erreichen,
aber man kann sich
an ihnen orientieren.
Carl Schurz

Schritt *für* Schritt

Erfahrungen sammeln heißt auch,
Fehler zu machen und daraus zu lernen.

Konstruktive Kritik bringt weiter,

verletzende Kritik blockiert.

Begeisterung vertreibt Müdigkeit!

Oft lernen wir gerade von denen am meisten,
die uns kritisieren.

Sei wach-
sam!

Auch andere brauchen
unsere Anerkennung und unser Lob.

Akzeptiere deine Stärken und Schwächen
und mach das Beste daraus.

Kluge Menschen
lernen aus den Erfahrungen der anderen.

Sophokles

Es ist besser, in Ehren zu versagen,
als durch Betrug erfolgreich sein zu wollen.

Albert Einstein war kein guter Schüler,
und trotzdem wurde er später ein Genie.

Der Erfolg kommt Schritt
für
Schritt.

Um andere Menschen zu verstehen,
müssen wir die Welt durch ihre Augen sehen.

Nicht immer führt der kürzeste Weg zum Ziel.

Gehe deinen
eigenen Weg!

Nachahmung ist nur kurzfristig ein Rezept, langfristig ist eigene Kreativität gefragt.

Wer immer in die Fußstapfen der anderen tritt, wird sie nie überholen können.

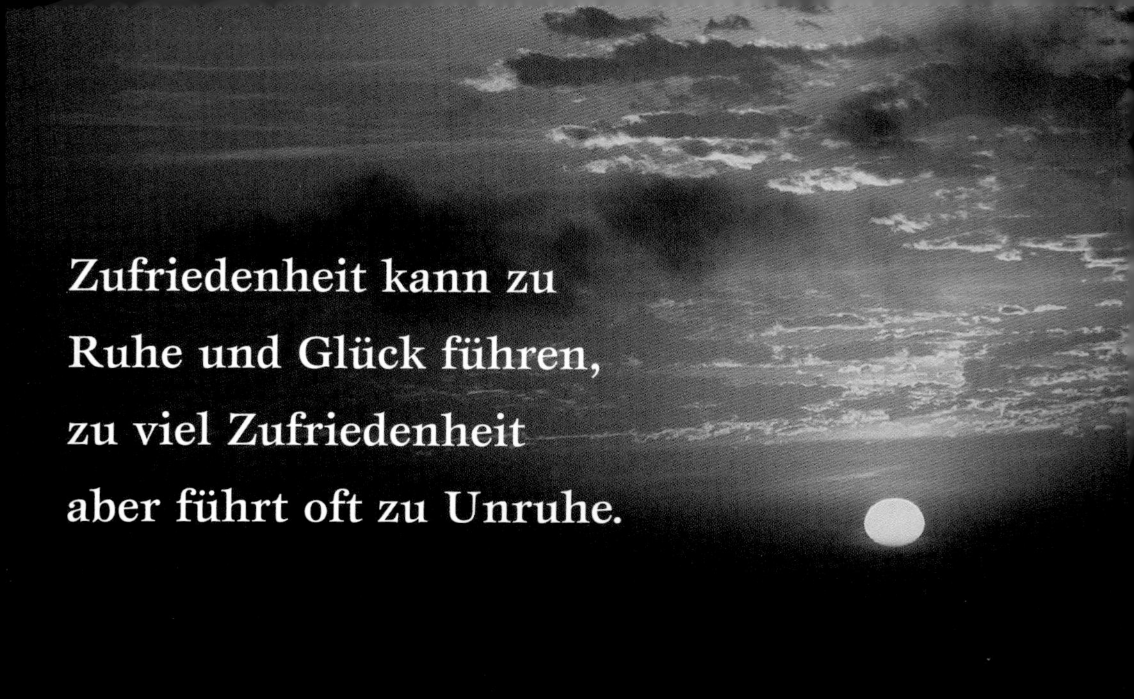
Zufriedenheit kann zu
Ruhe und Glück führen,
zu viel Zufriedenheit
aber führt oft zu Unruhe.

Es genügt nicht allein, an den Erfolg
zu glauben, man muss auch dafür arbeiten.

Mit offenen Augen und Ohren
durch die Welt zu gehen
ist ein Geheimnis des Erfolges.

Ohne Hoffnung
können wir nicht leben.

Angst ist
ein schlechter
Ratgeber.

Erfolgreich zu sein
und dabei menschlich
zu bleiben ist ein
erstrebenswertes Ziel.

Unser Leben ist das,
wozu es unser Denken macht.
Marc Aurel

Aufgaben geben jedem Menschen
einen Sinn.

Manchmal ist eine
Aufgabe nur
deswegen so schwierig,
weil wir sie gar nicht angehen.

Unser eigener schärfster Kritiker zu sein bewahrt uns vor schwerwiegenden Fehlern und vor Hochmut.

Erfolg gibt Kraft, die schönen Dinge
des Lebens zu genießen.

Mit einigen Steinen, die einem
in den Weg gelegt werden, könnte man
seinen späteren Weg pflastern,
mit anderen sogar eine Treppe bauen.

Geh *in eine*
Richtung

Den Mut selbst in nahezu aussichtslosen
Situationen nicht zu verlieren
unterscheidet die Sieger von den Verlierern.

Sich selbst zu besiegen ist der schönste,
aber auch der schwerste Sieg.

Leben ist die Lust zu schaffen.

Carl Spitzweg

Viele kleine Erfolge
sind auch ein großer Erfolg.

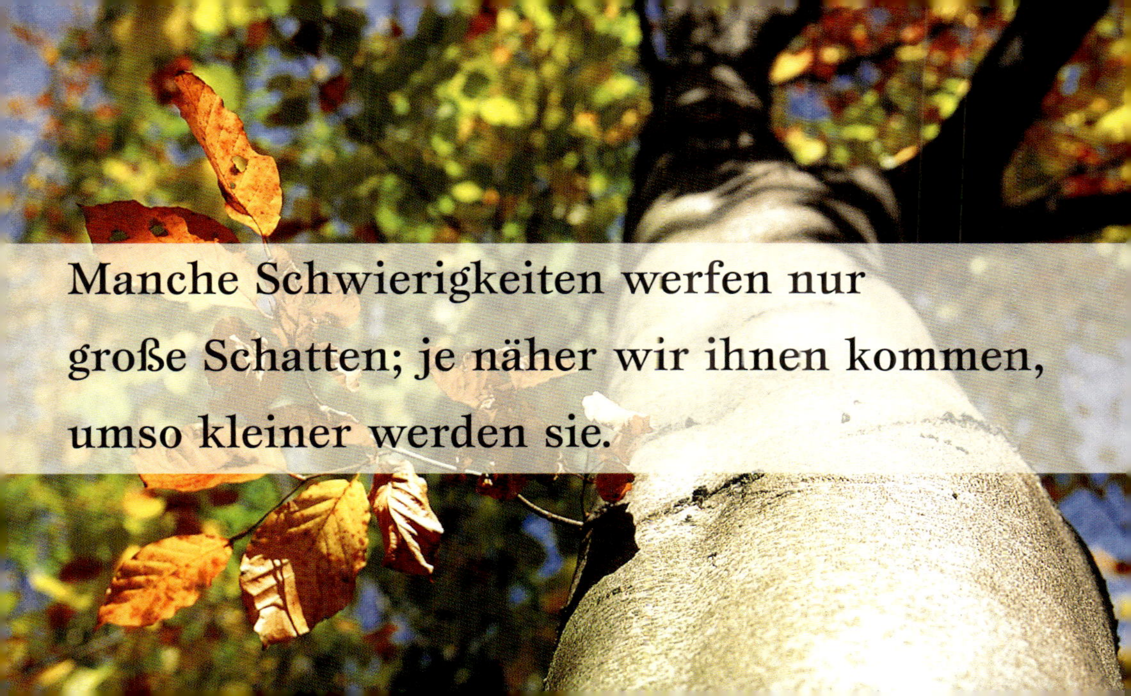
Manche Schwierigkeiten werfen nur
große Schatten; je näher wir ihnen kommen,
umso kleiner werden sie.

Manche Dinge werden erst
aus der Distanz sichtbar.

Streit ist dann wertlos, wenn
es den anderen in die Defensive treibt.

Kraftanstrengung und Entspannung müssen sich die Waage halten, nur wenn wir uns Pausen und Phasen der kreativen Erholung gönnen, können wir unsere Ziele auf lange Sicht konzentriert verfolgen.

Arbeit ist ein gutes Beruhigungsmittel.

Keine Panne ist so schlimm, als dass man nicht daraus noch etwas lernen könnte.

Oft kommt es auf das Profil an,
Bodenhaftung hat noch
niemandem geschadet.

Mit Humor und Gelassenheit
lassen sich viele Dinge leichter ertragen
als mit Wut und Ärger.

Eigene Leidenschaft motiviert auch die Mitmenschen zu Höchstleistungen.

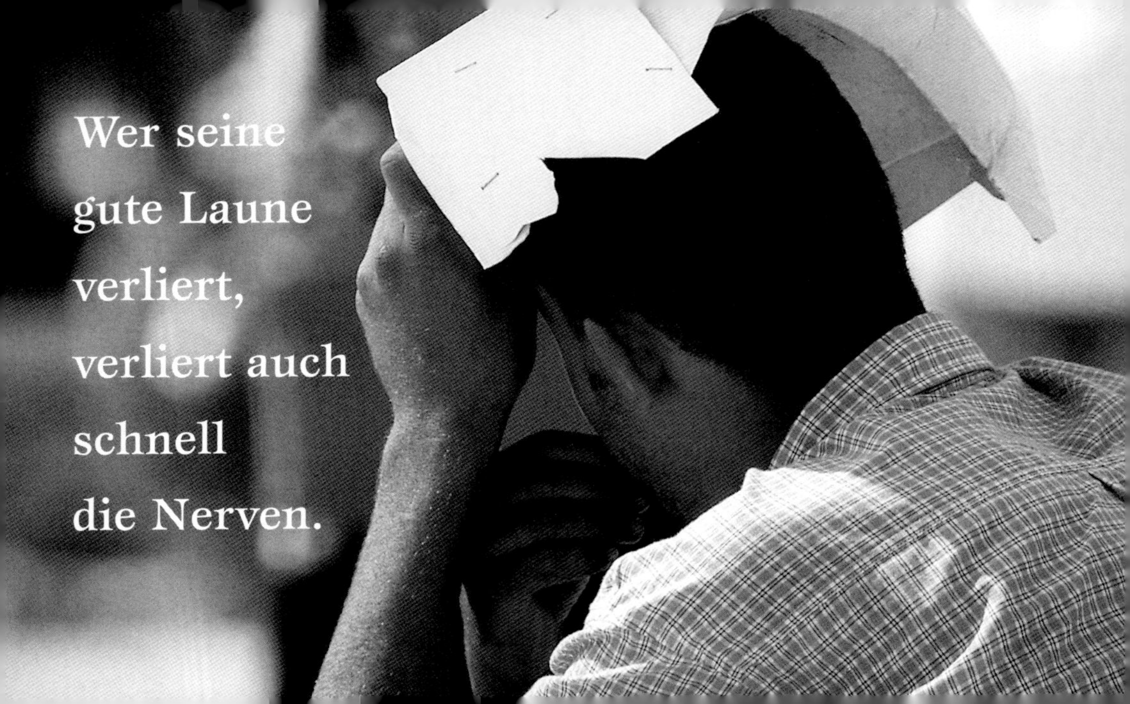
Wer seine gute Laune verliert, verliert auch schnell die Nerven.

Manche Dinge erledigen sich
durch Liegenlassen von selbst,
aber das sind nur wenige.

Führe jede angenommene Aufgabe
zu Ende, auch wenn sie irgendwann
noch so lästig wird.

Manch einer verdankt seinen Erfolg
den Ratschlägen, die er gerade nicht
befolgt hat.

Die einzige Begrenzung,

das Morgen zu verwirklichen,

werden unsere Zweifel von heute sein.

Franklin D. Roosevelt

Es ist nicht so, dass wir nicht genug Zeit hätten, oft nutzen wir sie nur nicht richtig.

Kompetent handeln

Einen Fehler zuzugeben

zeugt von Charakterstärke.

Auch aus dem kleinsten Funken
kann ein großes Feuer werden.

Auch große Menschen müssen die kleinen Dinge des Alltags erledigen.

Die richtige Entspannung
hat wesentlichen Anteil an unserem Erfolg.

Gute Laune
können wir uns
auch angewöhnen.

Erst mehrere Versuche
führen zum Erfolg.

Jeder Mensch ist etwas *Besonderes!*

Neben Fachkenntnis ist heute
die soziale und die emotionale Kompetenz
wichtiger denn je.

Wer allen
zu gefallen sucht,
wird keinem
gefallen.

Die ganze Welt besteht aus Veränderung, aus Werden und Vergehen, deswegen sollten wir keine Angst vor dem Unbekannten haben.

Leben heißt lernen, ein Leben lang,
deshalb sollten wir nicht aufhören,
Neues erfahren und lernen zu wollen.

Unsere eigene Einstellung
macht uns entweder groß oder klein.

Entscheide
dich!

Nicht weil die Dinge
unerreichbar sind,
wagen wir sie nicht –
weil wir sie nicht wagen,
bleiben sie unereichbar.

Lucius Annaeus Seneca

Erfolg ist oft
nur einen Gedanken
weit entfernt.

Vom nur Zuhören
erfährt man mehr
als vom eigenen Reden.

Unzufriedenheit
ist der erste Schritt
zum Erfolg.

Oscar Wilde

Bereits die alten Römer wussten:
In einem gesunden Körper wohnt
zumeist ein gesunder Geist.

Es gibt nicht nur schwarz und weiß,
dazwischen liegen unendlich viele Grautöne.

Halte die Augen offen!

Es gehört
etwas Mut
dazu, an das
Unmögliche
zu glauben.

Es ist schön, sich seine Wünsche
erfüllen zu können.

Durchhalten

Auch die höchsten Berge sind
bereits bestiegen worden.

Mit einem Lachen
geht vieles leichter.

Des Menschen Wille
ist sein Glück.
Friedrich von Schiller

Wer keine Angst hat, hat das größte
Hindernis auf dem Weg nach oben
schon beseitigt.

Wir benötigen Einfühlungsvermögen,
um andere Menschen
besser zu verstehen.

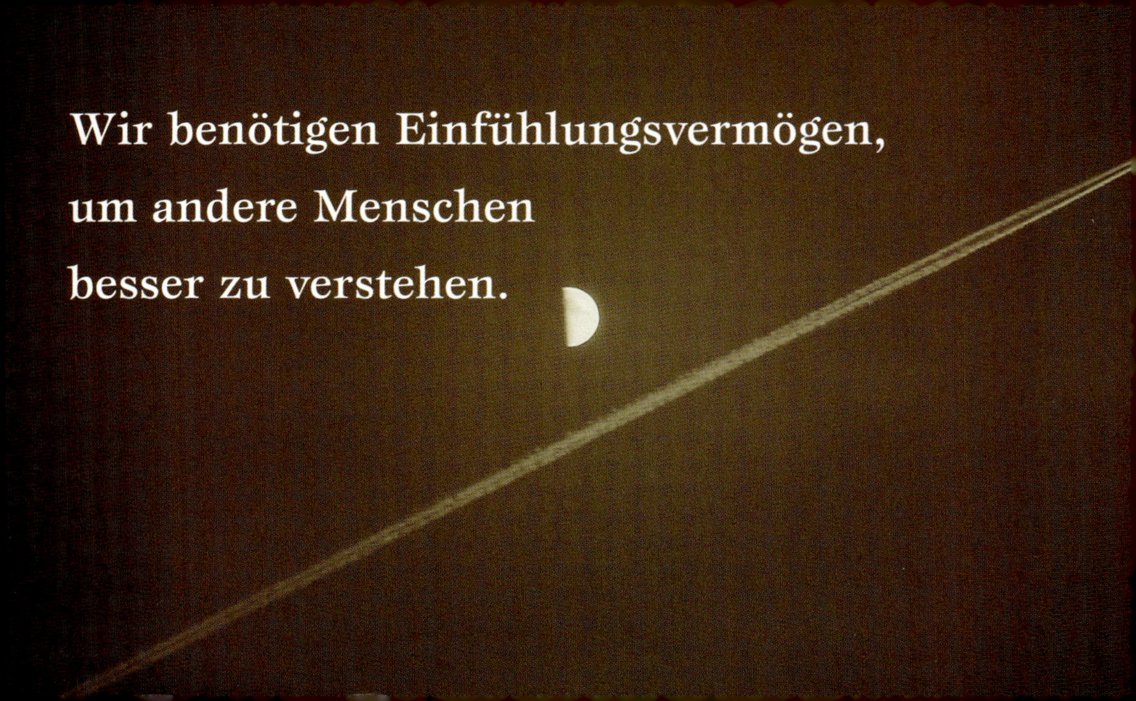

Neue Ideen müssen anders sein,
sonst verdienen sie nicht den Namen Ideen.

Der sicherste Weg zum Erfolg ist immer,
es doch noch einmal zu versuchen.

Thomas Alva Edison

Ein verborgenes Talent in einem
anderen Menschen zutage zu fördern
ist ein Geschenk.

Jedes Ende
ist auch ein neuer Anfang.

Philipp Rosenthal soll einmal gesagt haben,
Erfolg sei zu 10 % Inspiration
und zu 90 % Transpiration.
KEMPEN

Verzeihen
bedeutet
Großmut.

Jeder Tag bringt eine neue Chance.

Kreativ.
sein

Der Ton macht die Musik:
Mit Bescheidenheit und einem freundlichen Lächeln lässt sich oft mehr bewirken als mit lautstarker Direktheit.

Es ist nicht fair, über einen anderen
zu urteilen, bevor wir uns
nicht in seine Lage versetzt haben.

Es gibt mehr Leute,
die kapitulieren,
als solche, die scheitern.
Henry Ford

Interesse
an den Menschen
schafft Freunde.

Jeder wächst
an seinen
Aufgaben.

Entschlossen*heit*

Indem wir andere ehrlich loben,
erreichen wir bei ihnen
und für uns selbst das meiste.

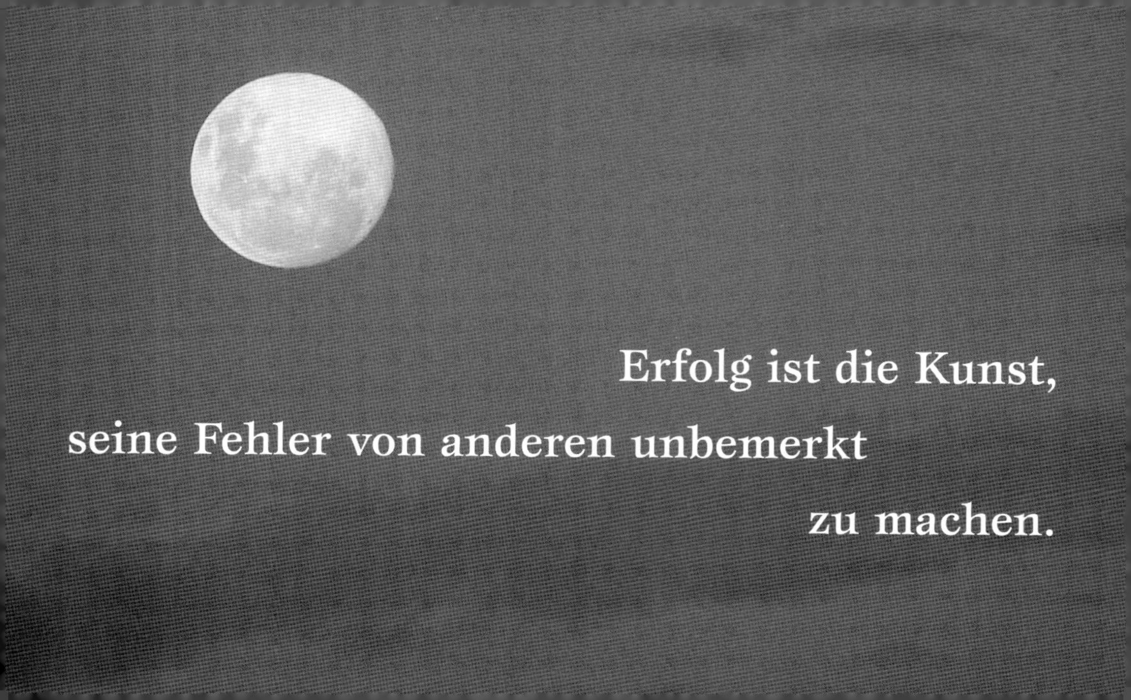
Erfolg ist die Kunst,
seine Fehler von anderen unbemerkt
zu machen.

Das Leben ist
viel zu kurz,
um sich
zu ärgern.

Humor und Ernst
sollten sich im Leben
die Waage halten.

Denken Sie nicht
in negativen Kategorien.

Es ist nun mal so: Das Leben ist eine Achterbahn –
mal sind wir oben, mal sind wir unten.
Die Kunst besteht nur darin,
mehr oben zu sein als unten.
Auch die größten Höhenflüge
enden immer wieder am Boden.

Statt uns Sorgen
zu machen,
sollten wir uns
mit etwas
Wesentlichem
beschäftigen.

Unsere
Umwelt
ist die
ergiebigste
Quelle
für
kreative
Ideen.

Jeder braucht Hobbys und Sport, Genuss
und Ruhe, darin liegen die Kraftreserven
für kommende Leistungen.

Jeder Mensch
verdient Achtung
und Beachtung.

Wir dürfen lästigen
Kleinigkeiten niemals
erlauben,
uns aus der Ruhe zu bringen
oder unser Glück zu beeinträchtigen.

Es steigt der Mut mit der Gelegenheit.

William Shakespeare

Selbstsicher
sein

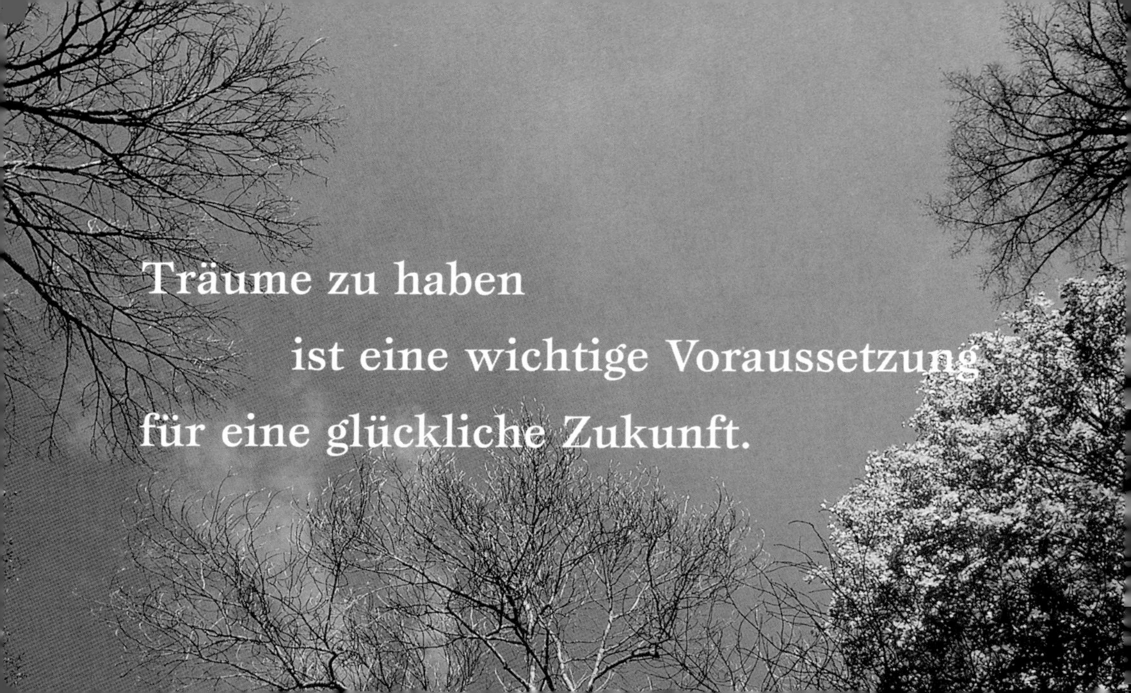
Träume zu haben
ist eine wichtige Voraussetzung
für eine glückliche Zukunft.

Auch im Kleinen kann man groß sein.

Verantwortung
übernehmen

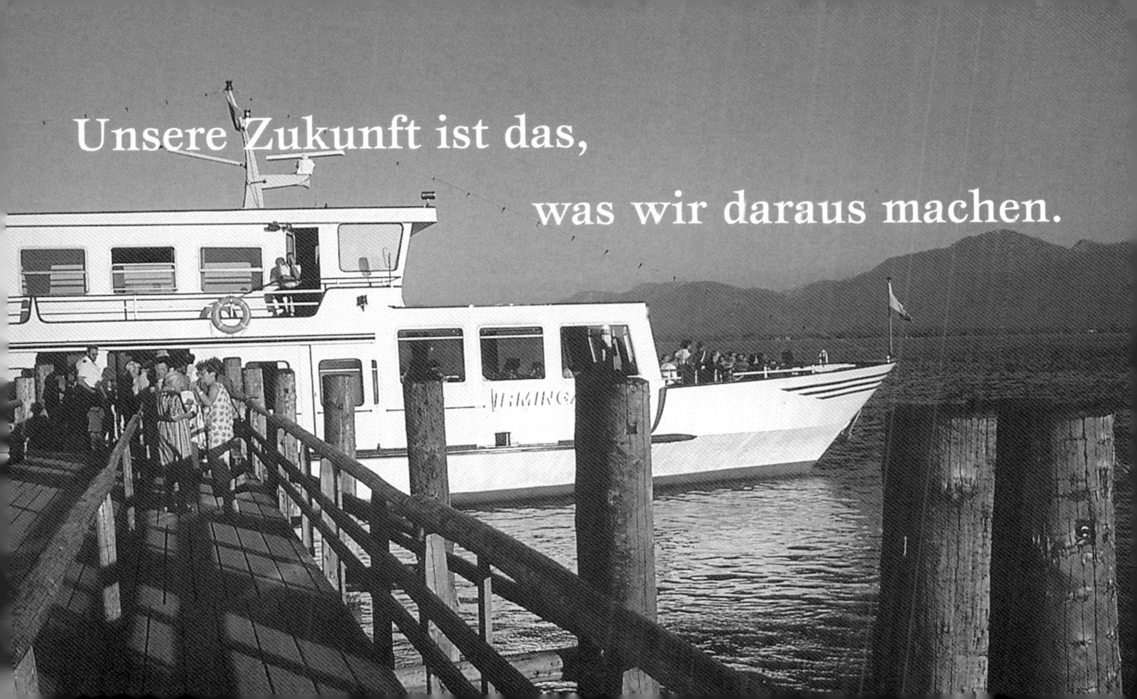
Unsere Zukunft ist das,
was wir daraus machen.

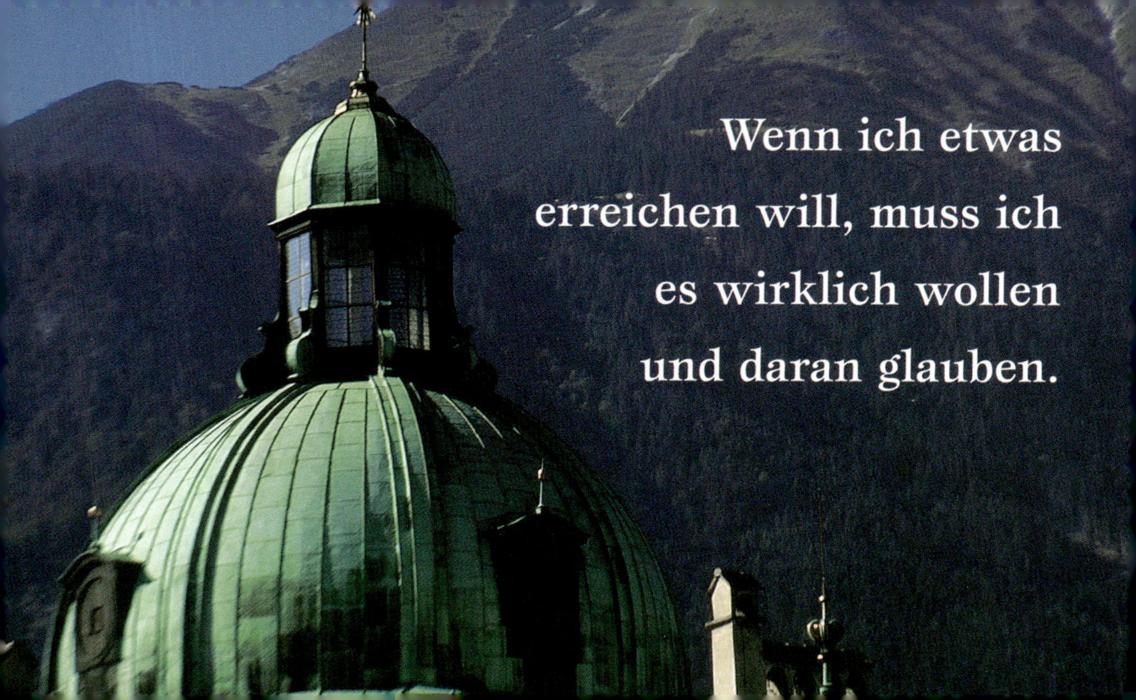

Wenn ich etwas
erreichen will, muss ich
es wirklich wollen
und daran glauben.

Aus der Vergangenheit lernen,
das Jetzt genießen und an die Zukunft
glauben, das heißt leben.

Flexibilität
ist alles.

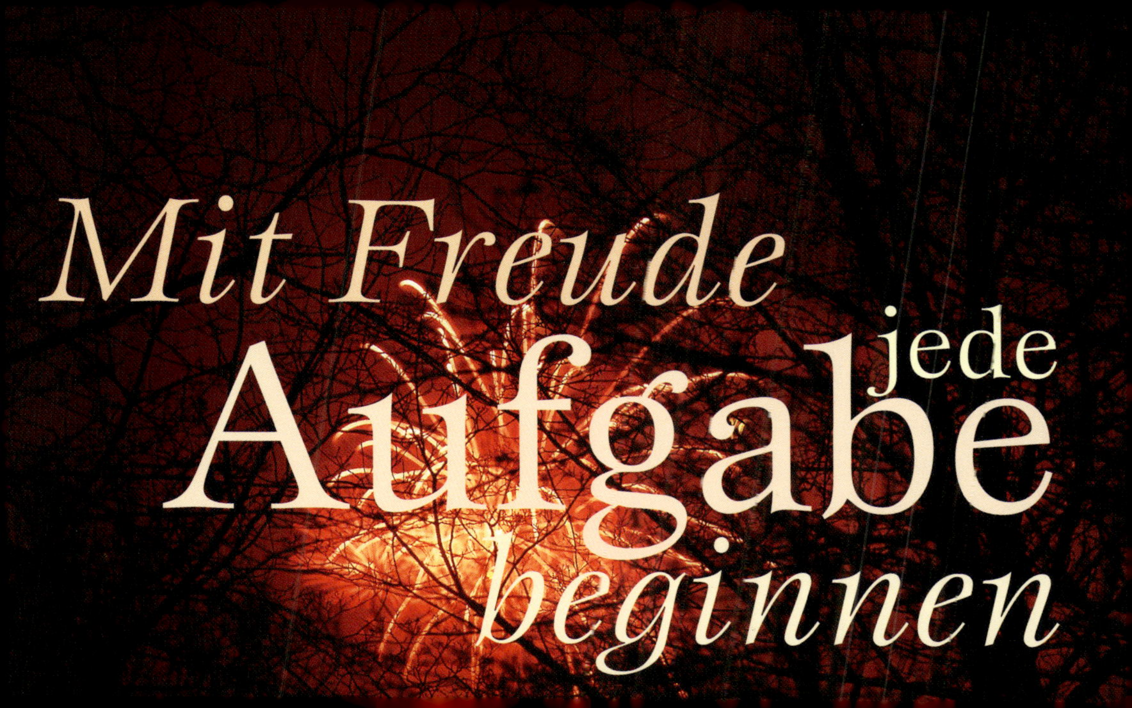
Mit Freude
jede
Aufgabe
beginnen

Wir sollten uns
von Tatsachen,
nicht von Meinungen
leiten lassen.

Wer ständig nur von sich erzählt,
stößt bald auf taube Ohren.

Wenn ich mich selbst auch noch so sehr bemühe, gerecht zu sein, so muss ich doch damit rechnen, selbst nicht immer gerecht behandelt zu werden.

Wer etwas
erreichen will,
muss wissen,
was er will.

Freunde sollten sich immer
auf uns verlassen können.

Jeder Mensch
kann sich selbst,
sein Schicksal
und seine Zukunft
gezielt beeinflussen.

Sorgfältige Beschäftigung
mit der kleinsten Aufgabe
verleiht uns die Kraft
und die Konzentration
für die großen Ziele.

Der Langsamste, der sein Ziel nicht aus den Augen verliert, geht immer noch geschwinder als der ohne Ziel umherirrt.

Gotthold Ephraim Lessing

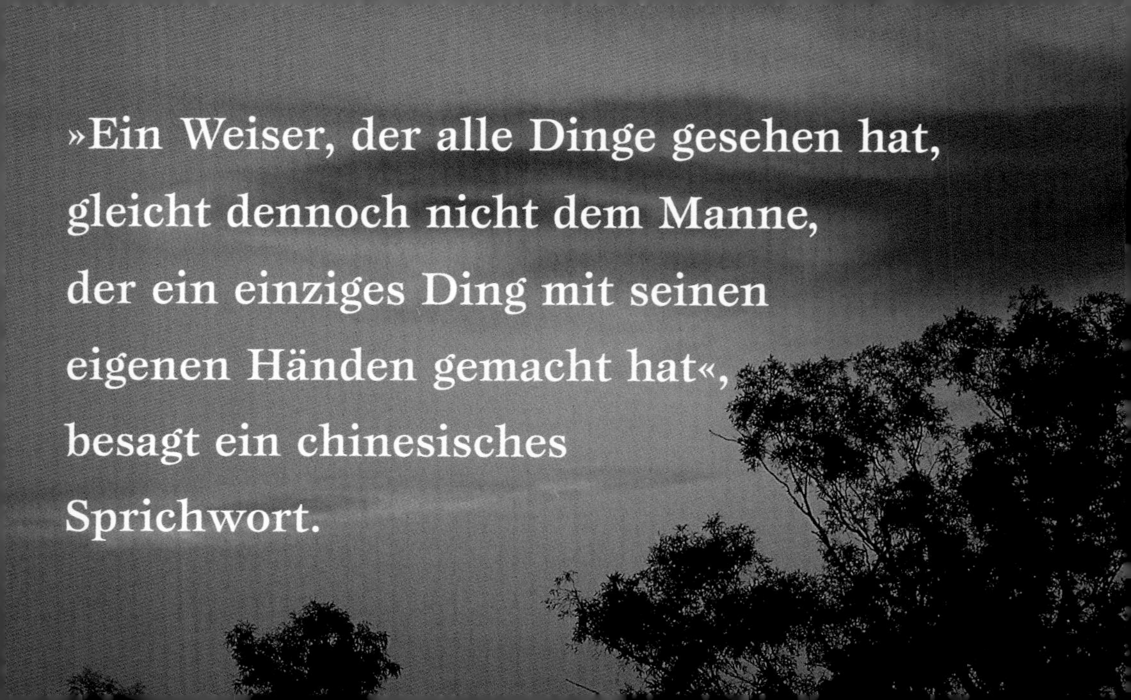

»Ein Weiser, der alle Dinge gesehen hat, gleicht dennoch nicht dem Manne, der ein einziges Ding mit seinen eigenen Händen gemacht hat«, besagt ein chinesisches Sprichwort.

Wir alle brauchen Zukunft.

Wer nicht
warten will,
muss
handeln.

Lächeln
ist
eine
Geheimwaffe.

Sei aktiv!

Arbeit ist häufig
der Vater
des Vergnügens.
Voltaire

Alles fließt, sagten die alten Griechen,
und auch Erfolg ist nichts Statisches.

Wer andere kränkt, wird sie selten
zu wirklichen Verhaltensänderungen
anleiten können.

Querdenken ist angesagt.

Was ich nicht
selbst mache, ist oft
nicht gemacht.

Ziele *setzen*

Ungewöhnliche Probleme
erfordern ungewöhnliche Lösungen.

Es ist nicht genug zu wissen,
man muss es auch anwenden!
Es ist nicht genug zu wollen,
man muss es auch tun.
Johann Wolfgang von Goethe

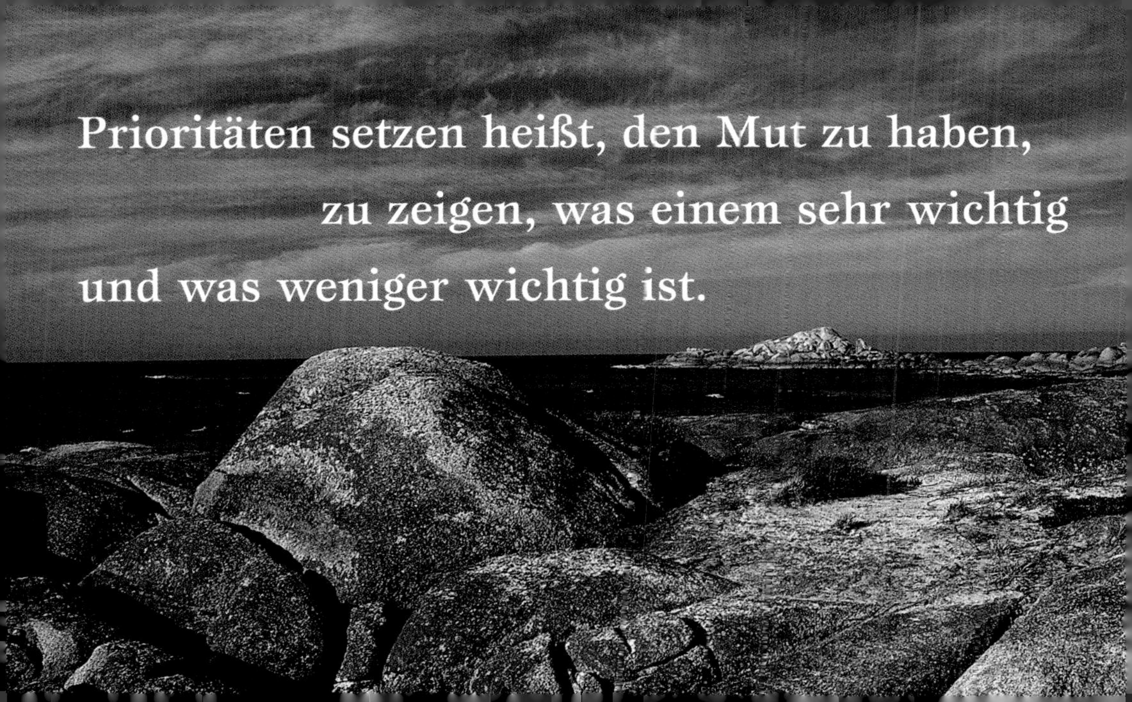
Prioritäten setzen heißt, den Mut zu haben,
zu zeigen, was einem sehr wichtig
und was weniger wichtig ist.

Ein Stundenplan bringt manchmal
notwendige Ordnung ins Leben.

Vieles geht in der Welt verloren, weil
man es zu geschwind für verloren gibt.
Johann Wolfgang von Goethe

Ambitionen zu haben
heißt die Zauberformel,
nicht etwa Ehrgeiz,
denn das kann auch
zu falschen Zielen führen.

Konzentration auf das Wesentliche ist
eine Grundlage für die Zukunftsgestaltung.

Erfolg
beginnt
im
Kopf!

Ein offenes Wort zur rechten Zeit
klärt viele Fronten.

Der Charakter eines Menschen

zeigt sich oft darin,

worüber er sich ärgert.

Zum Erfolg gibt es
keinen Aufzug,
sondern nur die Treppe
oder die Leiter.

Jeder kann sein Leben zu einem
großen Teil selbst in die Hand nehmen.

Ein wenig
Bescheidenheit
zur rechten Zeit
hat noch keinem
geschadet.

Häufig müssen wir uns selber
auf die Schulter klopfen.

Gönn dir
eine
Pause!

Anderen
die Meinung
zu sagen ist
nicht immer
einfach, denn
der Ton macht
die Musik.

Das Geheimnis des Erfolges
liegt in der Zielstrebigkeit.
Benjamin Disraeli

Ein Lächeln
ist oft das schönste
Geschenk.

Aus der Stille erwächst *Kraft*.

»Wenn du einmal Erfolg hast,
kann es Zufall sein.
Wenn du zweimal Erfolg hast,
kann es Glück sein.
Wenn du dreimal Erfolg hast,
so ist es Fleiß und Tüchtigkeit«,
besagt ein Sprichwort aus der Normandie.

Sei
neugierig!

Mit Weitsicht erreichen wir auch

die entferntesten Ziele.

Manchmal ist es wichtig,
ein paar Schritte zurückzutreten, bevor man
eine Sache wieder klar sehen kann.

Ich akzeptiere meine
Unvollkommenheit,
ohne anderen
vormachen zu
müssen, dass ich
vollkommen sei.

Die Furcht vor Unbekanntem

hält uns oft davon ab,

etwas Neues zu entdecken.

Jeder möchte ein Sieger sein.

Eine helfende Hand
finden wir stets am eigenen Arm.

Konzentration auf etwas

Schönes, Gutes und Wertvolles

sorgt für Ablenkung von

Angst, Hass und Neid.

Glaub
an
dich!

Kommunikation ist die einzige Möglichkeit,
Menschen zu motivieren.

Selbstbeherrschung ist oft
ein wesentlicher Baustein des Erfolgs.

Leben heißt *lernen*.

Geh du deinen Weg
und lass die Leute reden.

Dante Alighieri

Überzeugen
können

Talent entwickelt
sich nur, wenn man ihm
freie Entfaltungsmöglichkeiten gibt.

Wie leicht und selbstverständlich
beneiden wir große Menschen
um ihre Leistungen, aber
vielleicht würden wir sie
noch mehr bewundern,
wenn wir wüssten, wie
beschwerlich ihr Erfolg war.

Bleib *gelassen!*

Heitere Gelassenheit hilft immer.

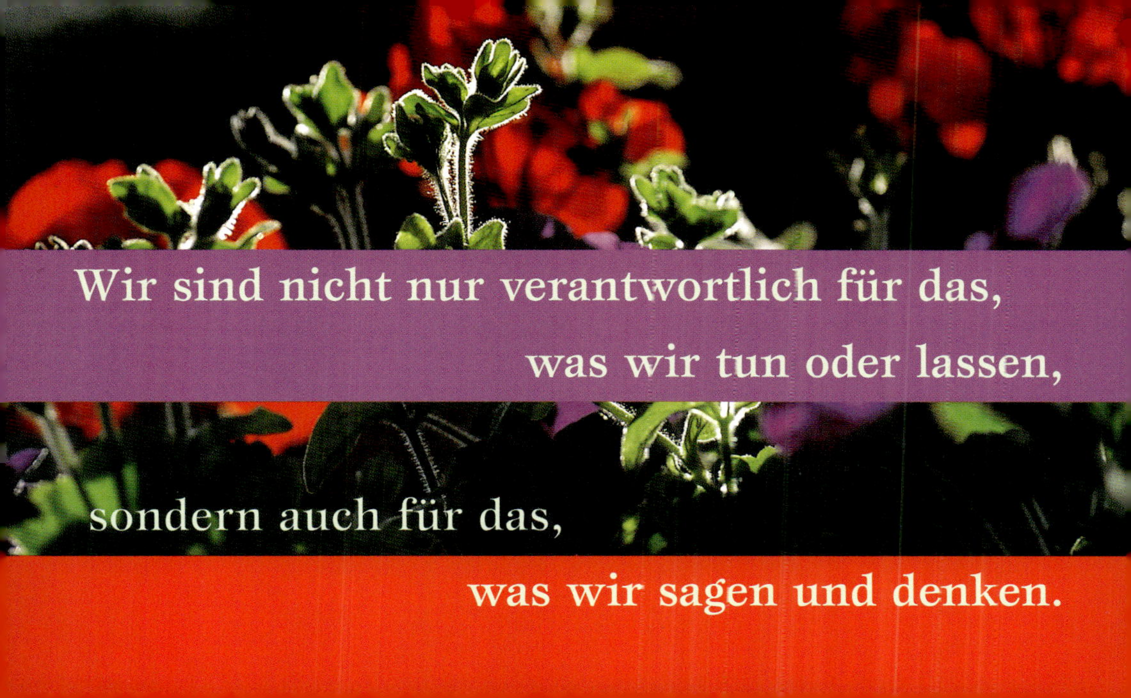
Wir sind nicht nur verantwortlich für das,
was wir tun oder lassen,
sondern auch für das,
was wir sagen und denken.

Nur wenn wir zu 100 Prozent
hinter etwas stehen, gelingt es auch.

Denk
positiv!

Wer den Kampf aufnimmt, kann verlieren,
wer einen Kampf erst gar nicht führt,
der hat schon verloren.

Zielstrebigkeit heißt zielen
und streben.

Lass dich
inspirieren!

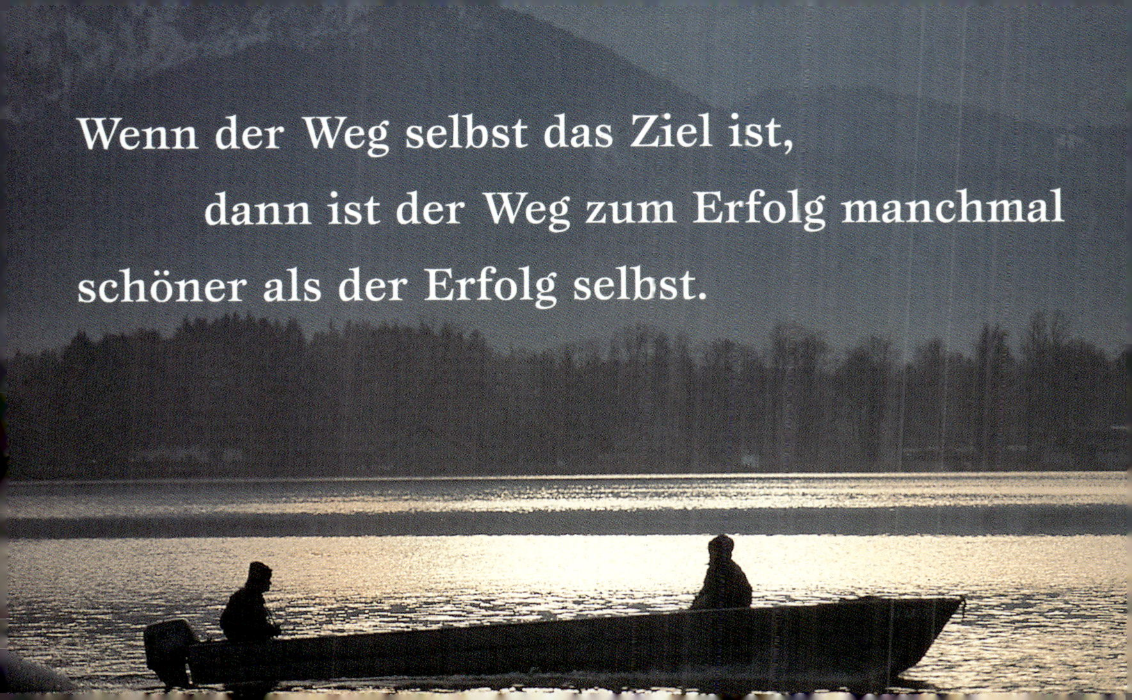
Wenn der Weg selbst das Ziel ist,
dann ist der Weg zum Erfolg manchmal
schöner als der Erfolg selbst.

Zu sein, was wir sind,
und zu werden, wozu wir fähig sind zu werden,
das ist das einzige Ziel des Lebens.

Robert Louis Stevenson

Hinter
jedem Sieg
steckt
der Wille
dazu.

Die Zukunft gehört denen,
die an die Schönheit ihrer Träume glauben.
Eleanor Roosevelt

Sei *offen* für Neues!

Was immer wir tun,
sollten wir mit Hingabe tun.

Alleine gelangen wir selten zum Ziel.

Auch die größten Höhenflüge
enden immer wieder am Boden.

Ich kann, weil ich will,
was ich muss.
Immanuel Kant

Kennen Sie die Politik der kleinen Schritte? Einen Schritt nach dem anderen machen …

Die Ursache für einen Misserfolg
sollten wir zunächst bei uns
und erst dann in der Umwelt suchen.

Selbstbewusstsein

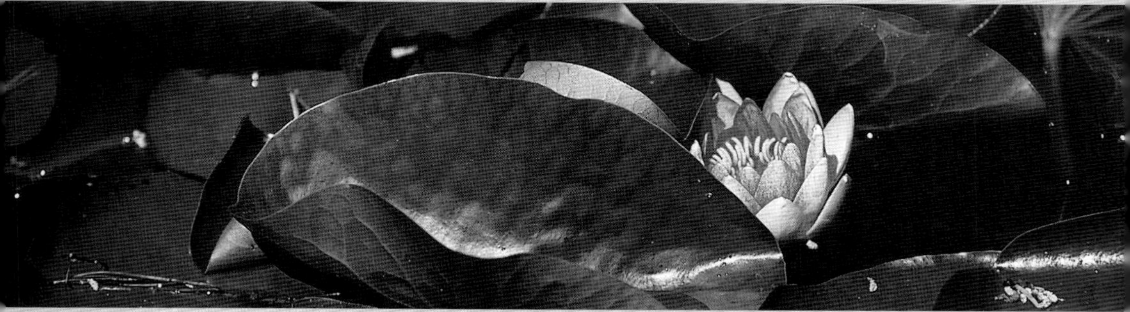

will täglich neu erarbeitet werden.

Rückschläge
sind immer
nur Umwege,
niemals Irrwege
auf dem Weg
zum Erfolg.

Die entscheidenden Wettkämpfe
werden meistens in der Kür
und nicht in der Pflicht gewonnen.

Unsere Ausstrahlung bestimmt

unseren Erfolg.

Jeder Mensch trägt einen ganzen Sack
voller Probleme mit sich herum,
und das Leben besteht zum großen Teil
darin, diese zu lösen.

Sich für den anderen
freuen zu können
erhält
die Freundschaft.

Ein Ganzes ist immer mehr

als die Summe seiner Einzelteile.

Ein Haus wird vom Keller oder
vom Fundament aus nach oben hin
gemauert, und ganz zum Schluss
erst wird oben das Dach aufgesetzt.

Anregungen und Vorschläge
bewirken oft mehr als Anordnungen.

Auch kleine Erfolge können
große Befriedigung vermitteln.

Wenn es einen Weg gibt,
etwas besser zu machen, finde ihn.

Thomas Alva Edison

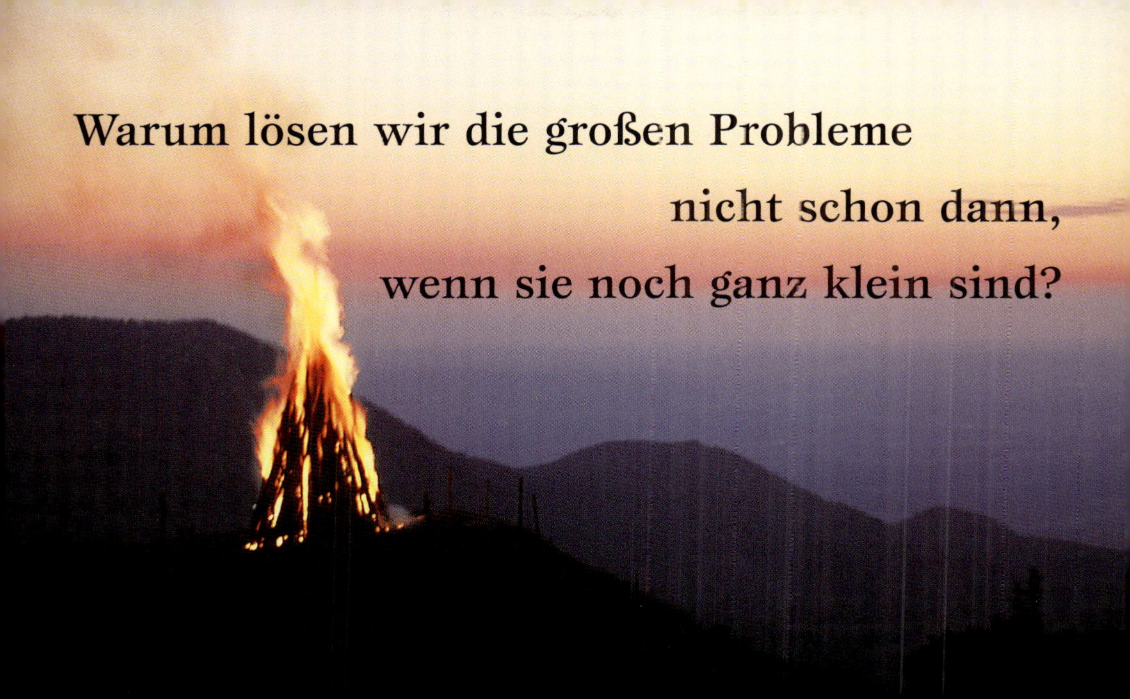
Warum lösen wir die großen Probleme
nicht schon dann,
wenn sie noch ganz klein sind?

In manche
Schuhe müssen
wir erst
hineinwachsen,
bevor wir in
ihnen laufen
können.

Denke immer daran:
Deine eigene Entschlossenheit,
erfolgreich zu sein,
ist wichtiger als alles andere.
Abraham Lincoln

Was wir uns wünschen,

das können wir auch erreichen.

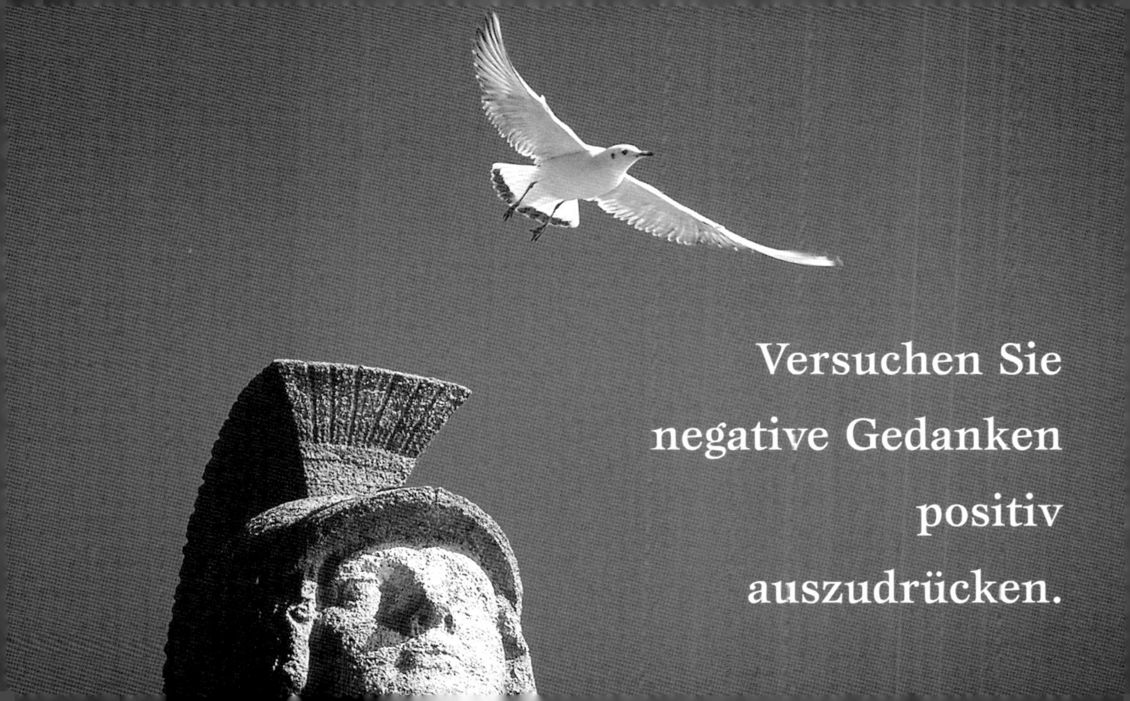

Versuchen Sie
negative Gedanken
positiv
auszudrücken.

Wer sagt, dass oben immer oben
und unten immer unten ist?

Manchmal müssen wir uns
auf Experimente einlassen, um
neue Einsichten zu erlangen.

Die schönen Dinge des Lebens wie Musik

und Tanz, Essen und Trinken bringen
viele Angelegenheiten wieder ins Lot.

Wir sollten unsere natürliche Neugier benutzen, um zu kreativen Lösungen zu gelangen.

Wir haben immer mehr als eine Möglichkeit,
mit Schwierigkeiten umzugehen:

Wir können sie ganz einfach akzeptieren,
wir können davor weglaufen
oder aber dagegen angehen.

Wer nach oben will,

muss schwindelfrei sein.

Die Formel meines Glücks:
ein Ja, ein Nein, eine gerade Linie, ein Ziel.

Friedrich Nietzsche

Wir sollten immer ein Bild von dem vor Augen haben, was wir erreichen wollen.

Das Leben annehmen heißt,
jeden Tag als eine neue
Chance zu sehen.

Wer Erfolg hat,
soll sich auch etwas gönnen.
1990
K1
TOPCAT

Der eine wartet, bis die Zeit sich wandelt –
der andere packt sie kräftig an und handelt.
Dante Alighieri

Manches Mal kommt man
dort mit Milde weiter,
wo andere Stärke zeigen würden.

Wir müssen viel von uns selbst und
so wenig wie möglich von anderen erwarten.

Am Anfang jeder Tat steht eine Idee.

Dankbarkeit für das Erreichte
ist der Grundstein für Neues.

Das Leben ist schön,
wenn wir es nur
mit den richtigen Augen sehen.

Die Welt wird sich nicht ändern,
aber wir können uns ändern.

Harzhaft
frischer Biergenuß
H.KNORN
MOTORSPORT
TOYOTA
TEAM EUROPE
BRG Z7

Handle!

Wir müssen uns auf die wesentlichen Dinge des Lebens konzentrieren.

Unser Leben ist das,

wozu es unser Denken macht.

Marc Aurel

Der Weg zum Gipfel
ist meist steinig.

Kraft
Die Lösung von
zwischenmenschlichen Konflikten
kann wertvolle Kräfte freisetzen.

Wer sich seine Schwächen
ehrlich eingesteht, ist bereits stärker als er
meint, wenn er sie dann zu überwinden
versucht, ist er fast unbesiegbar.

Verständnis zeigen

Wir sollten Verständnis für die Schwächen und Fehler der anderen aufbringen.

Wissen allein
nützt nichts,
ich muss es auch
wollen und leben.

Kleine Höflichkeiten und Freundlichkeiten
wirken im Alltag häufig Wunder.

Von alleine geschieht nichts.

Es ist besser, ein Problem zu erörtern,
ohne es zu entscheiden, als es zu
entscheiden, ohne es erörtert zu haben.

Joseph Joubert

Sich mit etwas abfinden zu können,
aber nicht immer zu wollen,
darin zeigt sich wahre Größe.

Unser Leben
ist zu kurz,
um alle
Erfahrungen
selbst machen
zu können.

Wir müssen unsere eigenen Fehler machen
und dafür die Konsequenzen tragen.

Wir können lernen,
auch unangenehme
Dinge zu sagen,
ohne uns gleich
unbeliebt zu machen.

Marie von Ebner-Eschenbach

Müde macht uns die Arbeit,
die wir liegen lassen, nicht die, die wir tun.

Wenn ich nur wirklich will,
dann kann ich auch ... fast alles!

Erst wenn ich mich selbst akzeptiere,
wie ich bin, kann ich auch andere
so akzeptieren, wie sie sind.

Es ist wichtig, unseren Mitmenschen
Interesse entgegenzubringen.

Wer seinen Mut verliert,
verliert alles.

einfach

Ganze Sachen sind immer ganz einfach,
nur die halben Sachen sind kompliziert.

kompliziert

Was zählt ist das »Heute«,

nicht das »Morgen« oder das »Gestern«.

Ein Geheimnis
des Erfolges ist,
den Standpunkt
des anderen
zu verstehen.
Henry Ford

Courage ist gut,
aber Ausdauer ist besser.

Theodor Fontane

Gut sein heißt, immer das Beste zu wollen.

Es ist wichtig, seine Pläne von Zeit zu Zeit
der Wirklichkeit anzupassen.

Im Schlafen und Träumen
liegt eine enorme Quelle für Kreativität.

Manchmal
müssen wir
über unseren
eigenen Schatten
springen.

Manchmal kann ein gutes Gespräch
mit einem netten Menschen
einen ganzen Tag entscheiden.